STORÏAU HANES C

DIWRNOD C
RACHEL

JOHN EVANS
Trosiad gan Hedd a Non ap Emlyn

Lluniau gan Clive Spong

DREF WEN

Mae'n ddydd Llun. Dydd Llun yw'r diwrnod golch.

Yn gynnar yn y bore, mae Rachel yn llenwi'r bwced â dŵr.

Yn y golchdy, mae Mam yn cynnau'r tân
er mwyn berwi'r dŵr.
Mae'n cymryd amser maith i'r dŵr ddod
yn boeth.

Pan fydd y dŵr yn boeth, mae Mam yn ei roi e yn y twba doli gyda'r dillad brwnt. Swish, swash. Swish, swash. Mae Mam yn troi'r ddoli.

Rhwbio a sgwrio. Rhwbio a sgwrio. Mae Mam yn sgwrio'r dillad ar y bwrdd sgwrio. Mae Mam yn rhoi'r dillad yn y twba rinsio i rinsio'r sebon i ffwrdd.

Mae Rachel yn dal y dillad gwlyb wrth i
Mam eu gwasgu yn y mangl.
Sgwish, sgwash. Sgwish, sgwash.

Mae Rachel yn dal y pegiau. Mae Mam yn rhoi'r dillad ar y lein ddillad. Fflip, fflap. Fflip, fflap. Mae'r dillad yn chwythu yn yr awel.

Mae'n bwrw glaw nawr! Tyrd â'r dillad i mewn yn gyflym a'u rhoi nhw o flaen y tân. Mae'r dillad yn ddigon sych i'w smwddio erbyn hyn.

Mae Mam yn smwddio crys Dad,
a blowsen Rachel, a throwsus Dafydd,
a sgert Martha.

O’r diwedd, mae’r gwaith smwddio wedi ei orffen. Ond does dim amser i orffwys. Rhaid i Mam ddechrau paratoi’r cinio. Druan o Mam, does dim diwedd ar ei gwaith!

MYNEGAI

Cyhoeddwyd 2003 gan Wasg y Dref Wen, 28 Ffordd yr Eglwys, Yr Eglwys Newydd, Caerdydd CF14 2EA. Ffôn 029 20617860. Argraffwyd yng Ngwlad Thai.

Dyluniad clawr gan Elgan Davies. Llun clawr cefn: Doli © Amgueddfeydd ac Orielau Cenedlaethol Cymru